가끔 쓰는 시, 내 마음대로

가끔 쓰는 시, 내 마음대로

초판 1쇄 발행 2025년 10월 31일

지은이 천은택
펴낸이 장현수
펴낸곳 메이킹북스
출판등록 제 2019-000010호

디자인 홍규선
편집 홍규선
교정 안지은
마케팅 김소형

주소 서울특별시 구로구 경인로 661, 핀포인트타워 912-914호
전화 02-2135-5086
팩스 02-2135-5087
이메일 making_books@naver.com
홈페이지 www.makingbooks.co.kr

ISBN 979-11-6791-780-5(03810)
값 16,800원

ⓒ 천은택 2025 Printed in Korea

잘못된 책은 구입하신 곳에서 바꾸어 드립니다.
이 책의 전부 또는 일부 내용을 재사용하려면 사전에 저작권자와 펴낸곳의 동의를 받아야 합니다.

홈페이지 바로가기

메이킹북스는 저자님의 소중한 투고 원고를 기다립니다.
출간에 대한 관심이 있으신 분은 making_books@naver.com으로 보내 주세요.

천은택 지음

가끔 쓰는 시 / 내 마음대로

메이킹북스

『가끔 쓰는 시, 내 마음대로』를 펴내며

저는 시를 전문적으로 배운 사람도,
글쓰기를 직업으로 삼은 사람도 아닙니다.

다만, 오래전부터 시 쓰는 것을 좋아했고,
비록 정형적이지는 않더라도
스스로 보고 읽기에 좋을 대로 적어왔습니다.

그렇기에 다소 투박할 수 있고,
정석적이지 않을 수도 있습니다만,
때로는 아무렇게나 내린 커피가
의외로 맛있는 것처럼
부디 이 시들이 독자 여러분께도
작은 즐거움으로 다가가,
편안하게 음미할 수 있게 되기를 바랍니다.

차례

『가끔 쓰는 시, 내 마음대로』를 펴내며 5

1부. 마음의 투명한 진동들
사랑, 설렘, 가슴 한편을 건드리는 감정의 파동과 누군가를 향한 시선

무능한 우체부 10

생리학 로맨스 12

도시의 별 14

고백론 16

창틀 1 18

창틀 2 20

표면장력 22

등가원리 24

짝사랑 재귀함수 26

트리아제 28

베르테르 역학 30

꽃 한 송이 32

2부. 시간의 끝에서 바라보는 풍경
이별, 상실, 저물어가는 것들에 대한 관조와 여운

한 걸음 44

비존재적 상실 46

모듈러스 미련 공식 48

무명항성 50

거리와 잔상과 기억 52

몹시 사랑했던 날, 기도 54

나의 작은 구름아　56

부고　58

시침 없는 시계　60

귀가　62

감정의 상대성이론　64

안신安信　66

작별 인사　68

3부. 자아와 내면의 성장
정체성, 철학, 내면의 갈등, 사물에 깃든 의미 그리고 세계관

가을 심상　76

영혼이 빛나는 밤　78

고양이 자리　80

물결이 좋은 날　82

앉은 돌　84

깊이 사랑하는 일 1　86

깊이 사랑하는 일 2　88

오늘 너무 힘들었던 나에게　90

거울 속 사내　92

말하자면 비겁한 진심 같은 것　94

아날로그　96

눈뭉치 철학　98

지는 일　100

엔트로피 법칙　102

관심이라는 이름의 돌멩이　104

정류장　106

돌아온 자리에서　108

1부.
마음의 투명한 진동들

사랑, 설렘, 가슴 한편을 건드리는 감정의 파동과 누군가를 향한 시선

무능한 우체부

꾹꾹 눌러 적은
편지 한 장 들고

커다란 대문 앞
작은 초인종에
손을 올렸다가

조용히
우체통에 넣고 돌아선다

바스락거리는 마음
들어볼 새도 없이

1부. 마음의 투명한 진동들

생리학 로맨스

동방결절의 신호 아래
일제히 탈분극을 준비한다

쿵—

문득, 베켄바흐처럼
예고 없이 심실의 탈분극이 사라졌을 때,
T파의 끝자락에
돌연 정지한 파형이 침묵으로 응답할 때,

쿵—

당황하지 않는다
마침내 마주한 박동처럼
한밤중에 기름을 태우는 여인처럼

쿵—
쿵—

설핏,
사랑을 준비하는 사람처럼

1부. 마음의 투명한 진동들

도시의 별

밤하늘을 닮은 도시 위로
반짝이는 창들이 떠오른다

서로를 모르는 별들처럼
저마다의 작은 행성을 꾸려
불빛 하나씩 꺼내어 걸어둔다

벽 하나 너머, 거리 하나 너머
외롭게 빛나는 별들,
서로를 끌어당기지 못한 채
자신만의 중력을 견디며 살아간다

그러다 문득,
자신의 행성에 묶여 있던
작은 빛 한 줄기가 발산한다

벽을 넘고 거리를 가로질러
운명을 향해 달려가듯,

가늠할 수 없는 틈을 따라
공간을 휘어가며
무한히 팽창하는 어둠 속을 지나
아득히 느려지는 시간을 거슬러

조용히 빛나고 있는
작은 별 위에 사뿐 도착해
소리 없이 스며든다

마치 사랑처럼

고백론

웃는 얼굴이 보고 싶어서
계속 보고 있었는데
어느새 내가 웃고 있다

아, 내가 거울이었으면 좋겠다

1부. 마음의 투명한 진동들

창틀 1

그늘진 모서리에
소복이 쌓인 먼지 한 줌

아무리 닦아내도 금방 다시 쌓이는 게

꼭, 내 마음 같다

1부. 마음의 투명한 진동들

창틀 2

은은한 볕이 드는
조금은 투박한 낡은 창틀에 기대어
창밖 자그마한 나무 벤치에
잠시 앉아 있는 아름다운 이의 모습을 봅니다

당신이 자리한 풍경에
초라한 내 모습 차마 더할 수 없어
멀찍이 바라만 보다가
어느덧 제 갈 길 가버리는 당신을 봅니다

점점 더 작아져가는 뒷모습
아아, 바라보는 일에도
끝은 정해져 있었음을 알았습니다

나는 여전히 이 창틀에 기대어
당신이 사라진 풍경의 계절이 가고
또다시 계절이 오고, 다시 가는 것을 봅니다

나는 조금만 더 오래
여기 머물다 가겠습니다

표면장력

가득 찬 투명한 선,
어느새 잔 위로 고요히 솟구친 곡면,
쉬이 넘치지 않기 위해
부드럽게 스스로를 잡아당긴다

조금 용기를 낸 순간
가장자리 한 점이 떨리기 시작하면
곧 오래 참고 있던 마음이
한 모금 말을 꺼내듯 조금 흘러넘친다

눈치채지 못한 새
조금씩 스며들 수 있도록

다시,
말 없는 긴장과
투명한 넘침의 반복

등가원리

커다란 중력이
나를 끌어당긴다

거부할 수 없는 만유인력에
한참을 어디론가 끌려가다 문득,
감당하지 못할 가속도에
두려움을 느낀다

이내, 나는 고개를 흔들고 팔을 내저으며
정신을 차려보려 하지만
나의 초라한 질량은
가속도를 줄일 수 없다

중력과 가속도가 등가한
이 광활한 우주에서
결국 모든 반작용은

나의 책임이다

짝사랑 재귀함수

한 줄 신중하게 쓴 공식이
잘 맞아들어가는 것 같다가도
어느새 살짝 비껴간다

분명 정석대로
잘 풀어가고 있었던 것 같은데

계산이 끝날 때마다
어쩐지 꼭 하나씩 남는 미지수

아, 그래도 아직
여백이 많아서 다행이다

트리아제

응급실은
도착한 순서가 아니라
응급한 순서로 진료를 본다

사랑도 그랬으면 좋겠다
간절한 순서로
기회가 주어졌으면

하지만
어리석은 생각이다

이미 사랑하고 있는
그네들의 마음은
누구보다 뜨겁고
간절할 텐데

아마 나는 그저
진상 환자,
딱 그 정도일 거다

베르테르 역학

작은 웃음 하나가
양력을 만든다

감정의 기류를 탄 마음이
위치 에너지를 높이기 시작한다

낙하의 순간을 잊은 채
점점 더, 감당할 수 없는 크기로 말이다

쌓여가는 에너지는 언젠가
반작용으로 환원되어
처절히 부서질 테지만,

그 마지막을 알고도 나는
눈부심에 정신이 아득해져
그저 설레고 있는 것이다

어딘가,
꼭 괴테처럼
혹은, 베르테르의 슬픔처럼

꽃 한 송이

스치듯 부는 바람에
이따금 고개를 기웃기웃하던
예쁜 꽃 한 송이, 꽃 한 송이

혹시나 나는 이쪽을 힐끗힐끗 바라보는 줄 알고
혼자 설레었네, 설레어버렸네

바람이 그치던 날에는
이리도 무심히 고개 돌린
예쁜 꽃 한 송이, 꽃 한 송이

어쩌면 하는 마음에
나는 오래도록 바라보며
혼자 간절했네, 간절해버렸네

생리학 로맨스, 뒷 이야기.

타이밍은 언제나 갑작스럽게 찾아온다.
누구에게나 주어지는 것 같지만, 부지런히 준비한 사람만이 그 찰나를 알아보고 움켜쥔다.

성경에는, 예수님이 제자들에게 기름을 준비한 슬기로운 여인 비유를 통해 가르침을 주는 내용이 있다.

더디 오는 순간에 지쳐 잠들 수는 있지만, 결국 미리 준비한 자들은 어둠 속에서 등을 켤 수 있었다.

조바심 내며 기회를 쫓기보다는 차분히, 그러나 지혜롭게 준비하는 것.
타이밍을 내 편으로 만드는 방법이다.

일도, 건강도, 사랑도.

도시의 별, 뒷 이야기.

수많은 불빛으로 가득한 도시를, 밤하늘에 떠 있는 별들처럼 바라보았다.

도시를 밝히는 창들에는 각자의 이야기가 담겨 있다.
누구나 저마다의 외로운 행성을 꾸리고, 서로를 알지 못한 채, 홀로 주어진 삶의 무게를 견디며 살아가는 이야기.

하지만 때때로 누군가는 멀리 있는 다른 이의 삶에 다가가 마음을 건네는 일도 있다.

멀고 낯선 삶을 향해 용기 내 다가서는 순간, 사랑 같은 것들이 조용히 시작된다.

표면장력, 뒷 이야기.

누군가에게 마음을 전한다는 건 적어도 나에게는 조심스러운 일이었다.

오래 눌러 담은 마음이 어느 날 문득 한 모금 물처럼 조금 흘러넘치게 되면 그건 비록 사소해 보일지 몰라도 많은 용기와 진심이 담긴 행동인 것이다.

마치 표면장력을 이겨낸 물처럼 말이다.

짝사랑 재귀함수, 뒷 이야기.

누군가를 좋아하는 마음은 마치 어려운 수학 문제를 푸는 것과 같아서 잘 풀리고 있는 것 같다가도 어느 순간 막혀버리고, 겨우 실마리를 찾았나 싶으면 다시 처음으로 돌아가기도 한다.

하지만 때로는, 오히려 이런 '작은' 미지수들이 더 깊은 몰입감을 만들어내기도 한다.

볼펜과 연습장을 잔뜩 쌓아두고 새벽녘이 밝아오는 줄도 모른 채 문제의 정답을 향해 풀이를 계속 이어가는 것이다.

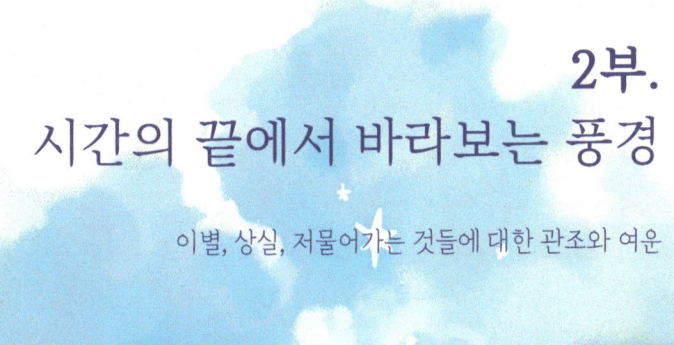

2부.
시간의 끝에서 바라보는 풍경

이별, 상실, 저물어가는 것들에 대한 관조와 여운

한 걸음

한 걸음
조금씩 가까이 한 걸음
아뿔싸 너는 어느새 눈치를 챘는지
나의 작은 한 걸음에 크게 두 걸음씩 멀어져갔다

웬 것을
뒤늦게 제자리에 멈춰보아도
이미 너는 점점 멀어져가던 그 관성에
계속 멀어져간다 점점, 더욱 멀어져갔다

"조금만 더 천천히 멀어졌으면…"

어쩐지 그 마음이 서러워
이내 나도 휙 돌아섰지만
그래도 나는 아쉬워 그저 우두커니 선 채
애꿎은 발끝에 한숨만

다시 뒤돌아보았을 때
아무것도 없는 텅 빈 공기가 나는
왠지 더 사무쳐 그냥 그대로 선 채
애꿎은 한숨만 발끝에

한 걸음

조금씩 멀리 한 걸음

비존재적 상실

꼭 쥐고 있던 손을 펼친다

펼친 손에는 아무것도 없었지만
나는 홀로 무언가를 놓아준다

조금의 질량도 없는
그 무언가가 사라진 자리에,
나는 한없이 가벼운 공허함을 느낀다

경험하지 않은 추억을 아쉬워하는 일,
이름 없는 감정을 애도하는 일,
쓰지 않은 이야기를 지워내는 일,

아, 참 역설적이다
그렇다면 나는
무어라 인사를 건네야 할까

2부. 시간의 끝에서 바라보는 풍경

모듈러스 미련 공식

미련은
항성의 밝기와 닮았다

작은 미소 하나가
태양보다 더 뜨거운 온도로
찬란한 광도를 발산할 때,
나는 길을 잃어버린다

그래, 차라리 눈을 감자
그리곤 곧장 뒤돌아 멀리멀리 달아나자
빛이 닿지 않는 곳까지,

아득한 공간을 지나
팽창의 가장자리에 이르러
비로소 희미해졌노라 여겨질 때까지,

하지만 그때의 항성은
첫사랑 그 모습 그대로
여전히 빛나고 있을 것이다

그리고 그때의 나는
사정없이 몰아치는 광자들의 난동에
또다시 길을 잃을 것이다

미련은
항성의 밝기와 닮았다

무명항성

멀리서 바라본 별은 유난히 조용하고 반짝였다

나는 그 별에
이름을 하나 지어주고는 오래도록 불러보았다

그러다 문득,
"아, 저 별은 우주에서 가장 반짝이는구나"
"나를 향해 반짝이는 게 아니었구나"

무색해진 이름은 대답 없는 소리로
저 넓은 우주를 맴돌다, 맴돌다
가만히 나에게 돌아왔다

나는 왠지 좀 사무쳐
지그시 눈 감아본들
이미 오래도록 불려진 별

고개를 푹 숙이고
조금씩 흐려지길
기다릴 수밖에

거리와 잔상과 기억

한 송이 꽃이 피어 있었다
바람도 손끝으로만 스치고,
햇살도 조심스레 머무는 자리에

나는 왠지 멀찍이 서서
오랫동안 그것을 바라보았다

때로는 꺾어가고 싶은 마음도 있었지만
끝내 나는
가만히 바라보기로만 했다

곱게 피어 있는 그 모습을,
찬란하고 아름다운 그 순간을
오래도록 마음속에 되뇌며

훗날, 눈을 감는 순간에도
"아, 참 아름다웠네"
그렇게 기억할 수 있도록

몹시 사랑했던 날, 기도

일부러 타이밍을 맞추지 않아도
너와 자연스럽게 걸을 수 있는 사람

합리적인 명분 없이도
너를 챙겨줄 수 있는 사람

열 번 스무 번 꼭꼭 싸매지 않아도
너에게 사랑을 흘릴 수 있는 사람

정말로 부러운 이여
부디,

뜨거운 볕이 있을 땐
그림자를 만들어주는 구름이어라

저며오는 찬바람엔
포근한 손난로여라

모든 것을 다 주기로 작정한
거룩한, 작은 예수여라

정말로 부러운 이여
부디,
꼭 그런 사람이어라

나의 작은 구름아

나의 작은 구름아
너는 언젠가 일곱 빛깔 계단을 건너
닿을 수 없는 곳으로 걸어가겠지

나의 작은 구름아
언젠가 내가 흙으로, 먼지로 흩어질 때
너 없는 공허지기를 방황할 때
먼저 나를 찾아와 포근하게 감싸주련

나의 작은 구름아
그때가 되면 뒤돌아보지 말아
그때부턴 내가 그리워하며 너를 기다릴 테니

나의 작은 구름아
그때가 오면, 아무도 모를 조용한 새벽에
우리 함께 빗방울로 내리자

부고

오늘 밤에는 정말로
네가 많이 보고 싶다

서늘한 그림자가 드리운
어느 스산한 해 질 녘,
기별도 없이 훌쩍 가버린 너를 떠올리다
내가 이토록 그리워하는 건 무얼까

너의 눈동자일까
간지러운 발소리일까

혹은,
입김처럼 닿고 사라지던
너의 작은 기침 소리일까

그런 생각을 나는
한참 동안이나 하다가
문득, 네가 가만히 누워 있던 곳의 주름이
아직도 펴지지 않은 걸 보고는

아, 어쩌면 나는

그런 것 하나쯤 없는 너라도
그냥, 이 세상 어딘가에
네가 아직 남아 있으면 좋겠다고
정말 그랬으면 좋겠다고 생각한다

오늘 밤에는 정말로
네가 많이 보고 싶다

시침 없는 시계

탁자 위 시계가
분침 하나로 하루를 그린다

악착같이 자신을
한 칸씩 밀어가며
속절없는 발걸음을
애써 재촉하며

몇 바퀴, 한참을 돌았을 무렵
불현듯 시계가 멈칫한다

아마도,
시침을 잃어버린 그 순간에서
벗어날 수 없다는 걸 알았으리라

"그래도 가야지
일상을 살아야지"

하루의 윤곽은
어제와 다를 바 없고
눈금 사이에 남은 건

짙은 공허함뿐이더라도

다시 한 바퀴
그러고는 또 한 바퀴

"그래도 가야지
일상을 살아야지"

귀가

그는 먼저 집에 갔다
조용히 문을 열고 아무 말도 없이

나는 아직 이곳에 남아
접어둔 이불을 펴고
남은 책갈피를 넘긴다

그는 긴 여정을 마치고
편히 눕는 법을 배웠다지만
나는 아직 남겨진 일들을 챙긴다

함께 있던 공간은
어쩐지 조금 추워진 것도 같지만
부지런히 온기를 채우고 물을 끓인다

때가 되면 나도
하던 일을 정리하고 일어나
집으로 돌아갈 테다

가끔은 바람소리에 뒤돌아보며
이따금 달그림자에 창문도 열어보며

감정의 상대성 이론

미련의 질량이 너무 커서
기억의 궤도가 휘어져 버린다

그리움은 검은 별이 되어
빛마저 붙잡아 삼켜버리고
죄책감은 무겁게 쌓여
시간의 속도를 느리게 한다

오늘 하루도
팽창하는 추억의 공간 속에서
나는 단 하루를 살지만
계절은 몇 번이고 스쳐 지나간다

벗어날 수 없다, 오르트 구름처럼
질량 높은 감정들이 어마어마하게 쌓인
그곳에서 나는 가지도, 오지도 못하고

마음 깊은 곳에 남은
푹 파인 자국을
손가락으로 만지작거리다
이내 쭉 뻗어

혹, 작고 하얀 구름 같은 것이 스칠 때
움켜 잡을 수 있을까
공허한 손짓만 휘휘 젓는다

미련, 아쉬움, 그리움
보고 싶은 마음
그런 종류의 행성들이 모질게 늘여버린
길고 긴 시간을 걷는다

안신 安信

주인 없는 장난감에 붙어 있던
하얀 털 한 올을 돌돌 말아올리다
마땅히 둘 곳 없어 그냥 손에 꼭 쥐어버린다

속닥
속닥

말라버린 물그릇을 가만히 바라보다
이젠 치울 때도 되었나
문득 그런 생각들을 떠올린다

속닥
속닥

텅 빈 공간이 왠지
더 이상 이질적이지 않은 건
참 불편한 일이다

빈자리가 익숙해져 가는 게 마치
일종의 작별을 고하는 것 같기 때문일까

속닥
속닥

아까부터 시끄러운 별 하나가
자꾸만 뭐라고 속닥거린다

"나는 잘 지내고 있어
괜찮아, 괜찮아"라고 하던가

작별 인사

나뭇가지 끝 아슬하게 맺힌 새싹들이
옹기종기 모여 푸르게 속살거린다

몇 번의 비바람과 뜨거운 뙤약볕을 지나
푸른 잎사귀가 홍시처럼 농익었을 무렵

이제는 각자의 길로 하나둘씩 낙하를 준비하며
저들 각자 무어라 속닥거린다

"잘 가라" 무심하게 건넨 마지막 인사는
단순한 작별만은 아니었으리라

"너의 길에 좋은 바람이 깃들기를"
"흔들림마저 하늘하늘 아름답기를"
"언젠가 오늘같이 다시 만나기를"

이내 떨어지는 단풍들은 아프지 않은 채,

"아무쪼록 잘 가라 친구여"
"잘, 가라 친구여"

무명항성, 뒷 이야기.

누군가의 웃는 얼굴이 문득 눈에 들어올 때가 있다.

그 순간, 마치 처음 발견한 아름다운 별처럼
그 사람만 유독 빛나 보이기도 한다.

우리는 종종 그런 순간에 이름 없는 별에 자신만의 이름을 붙이듯
조용히 의미를 부여하지만 이내 그 별이 처음부터 너무 밝아서
누구에게나 잘 보이는 별이었다는 걸 알게 된다.

닿지 못한 그 이름이 조용히 돌아와 혼자만의 메아리로 맴돌 때,
애써 불렀던 그 마음은 그저 시간이 지나 조금씩 흐려지도록
두는 수밖에는 없다.

마치 밤하늘의 별이 천천히 시야에서 멀어지듯이.

귀가, 뒷 이야기.

이별은 언제나 슬픈 흔적을 남긴다.

남겨진 사람들은 슬픔 속에서도 부지런히 일상으로 복귀해 평소처럼 아침을 맞고, 사람들을 만나고, 성실하게 하루를 살아가지만, 문득 찾아오는 그리움에 마음 한 켠이 먹먹해지는 건 결국 시간이 아무리 지나도 어쩔 수 없는가 보다.

우리는 그런 종류의 빈자리에 조용히 애도하자.

언젠가 우리 또한 그 집에 돌아가 보고 싶은 이들을 다시 만날 그날까지.

3부.
자아와 내면의 성장

정체성, 철학, 내면의 갈등, 사물에 깃든 의미 그리고 세계관

가을 심상

바람에 나부끼는 작은 잎새에
그리는 이 없이도 홀로 소슬하다

단풍이나 한 움큼 집어 머리 위로 쏟아볼까

어느 땅에도 표착하지 못한 내 심상이
한없이 홀로 침전한다 할지라도
나는 시를 써야 한다 인생의 시를

어느 창연한 가을밤
난연하게 피어드는 꽃씨와
바람에 나부끼는 작은 잎새

3부. 자아와 내면의 성장

영혼이 빛나는 밤

나의 조출한 시 한 구절에는
그저 작은 영혼 한 조각밖에는 담길 공간이 없다

화려한 미사여구도
고도의 지식도
세상의 옳고 그름을 꿰뚫을 만한 어떤 철학도

조출한 나의, 시 한 구절에는 도무지 여유가 없다

투명한 유리잔같이
맑고 순수한 영혼을 심상으로 삼아
조용히 한 줌 떠올려 작게 담아내보자

나의 조용한 시 한 구절에
조용한 나의 시 한 구절에

고양이 자리

뒤뜰 쓰레기장 시끄러운 공조기 아래
소복이 쌓인 예쁜 고양이 밥그릇이
제법 낯선 느낌을 준다

작은 틈 사이,
부스럭 소리를 들은 고양이 한 마리가
다친 다리를 절룩이며 고개를 내민다

어쩌다 그랬을까
퍽 심한 상처를 보고 있자니
괜시리 마음 한구석이 서글퍼
가만히 연고나 발라줄까 보다

하지만 나의 작은 연민은
한 줌의 책임도 질 수 없는 커다란 위선

한없이 가벼운 무게로 떨어지곤
처절히 부서져 없어진다

어느새 사료를 다 먹고 홀연히 사라지는 고양이
나의 눈물은 어떤 책임도 질 자격이 없다

물결이 좋은 날

물결이 높이 일어
어디든 데려갈 것 같아도
나는 노를 잠시 멈춘다

넘실대는 파도 속에서
아직 오지 않은 때를 기다리기 위해

충만한 듯 일렁이는 마음도
조금 덜어내어
끝까지 담지 않는다

비워둔 자리에
더 깊은 것들이
천천히 스며들기를 바라며

앉은 돌

가만히 앉아
돌이 되는 법을 배운다

비가 오면 젖고
해가 뜨면 말라가며
오늘도 아무 일 없는 듯
하루를 넘긴다

그러나 나는
흐르는 시간 속에서도
나의 자리를 잃지 않는다

아무 말 없이
무언가를 가만히 기다리며
동요하지 않는다

그건 아마도 간절한 마음을
조금 더 단단히 묶어두는 일

혹은 아무도 모르게
스스로를 숭고하게
만들어가는 일

깊이 사랑하는 일 1

나의 견고한 성이 무너질 때
그것을 무너뜨린 이를 바라보며
깊이 사랑하는 일

나의 마음이 사정없이 찢겼을 때
마음을 찢으신 이를 바라보며
깊이 사랑하는 일

주신 것을 도로 가져가
텅 빈 두 손에 공허함이 남을 때
가져가신 이를 바라보며
깊이 사랑하는 일

그 모든 순간마다
깊이 사랑하는 일

내가 할 수 있는 유일한 일은,
내가 해야 하는 한 가지 일은,
깊이 사랑하는 일

3부. 자아와 내면의 성장

깊이 사랑하는 일 2

당장 이룰 수 있는 것이
아무것도 없어도
깊이 사랑하는 일은
결코 헛되지 않다

소리 없이 피는 들꽃처럼
사랑의 흔적은 먼 길을 돌아와
마음속 깊이 물든다
사랑하게 한 것을 닮아갈 수 있도록

우리는,
상처받아도 되묻지 않고
바라는 것 없이 베풀면서
미련한 듯
깊이 사랑해보자

끝내 손에 쥘 수 있는 것이 없어도
결코 헛되지 않게

오늘 너무 힘들었던 나에게

해가 지고 나서야 비로소
오늘 하루가 꽤 무거웠다는 걸 알게 됐다

하루 종일 말없이 삼킨 표정들에
얼마나 많은 마음들이 머물다 갔나

그저 스쳐 지나간 공기에
너무 많은 해석을 들이밀지는 말라고,
그러지 말라고 말해줄 수가 없는 게
어쩐지 참 이상하지

뭔가 자꾸 목에 걸려서
벌컥벌컥 물이라도 삼키다 보면
차라리 사레가 들려
다 뱉어버리는 게 나을 것 같기도

그렇게 한바탕 시원한 기침을 하고 나면
등이라도 두드려줄 수 있지 않을까

거울 속 사내

투명한 유리 너머
늘 같은 얼굴로 서 있는 사내를
어느 날 문득, 지그시 바라보았다

어쩌면 그 검은 호수 속에
깊이 숨겨둔 이야기를
몰래 훔쳐볼 수 있을까

그 은밀한 잠영 속에
내가 발견하게 될 것은 과연
겸손함일까, 오만함일까
순결함일까, 음란함일까
자부심일까, 자책일까
사랑일까,
혹은
육신의 결핍이 만들어낸
어떤 말초적인 집착일까

불현듯, 나는 눈을 질끈 감고
그 사내가 영영 사라져버리길 바랐건만
그는 여전히 그 자리에 서 있다

조금의 흐트러짐도 없이
또렷한 눈망울로 나를 응시하며

어느새 나의 심연을
조용히 바라보고 있다

말하자면 비겁한 진심 같은 것

저기 작은 별 하나
멀리 고요히 빛나는 별 하나

가난한 나의 중력에 이끌려
끝없는 우주를 등지고
내 손바닥 위에 사뿐히
내려앉아 준다면 좋을 텐데

허나 그 확률이
비록 무한대로 나눈 만큼
아주 작다고 해도

끝내 도망치는 나는
어쩌면 겁쟁이가 아닐까

아날로그

일반적인 정의에 얽매지 않은 개성이
필름 사진 한 장에 담겼다

그 속에는 한계가 있어서,
열정을 만들고
설렘을 만들고

그렇게 항상
무언가를 더 채워넣게 만든다

빛이 닿을 때까지
순간을 조용히 응시하는 인내가
필름 사진 한 장에 담겼다

그 속에는 여백이 있어서,
기다림을 만들고
간절함을 만들고

그렇게 항상
무언가를 더 사랑하게 만든다

눈뭉치 철학

입동이 갓 지난 어느 초겨울 무렵
소설은 아직도 저만치 멀었는데
성격 급한 어느 눈 뭉치 한 줌이
새벽간 창틀에 소복이 내려앉았다

오시쯤 문득 떠올라 찾아가보니
제까짓 게 금방 녹지도 않고 안간힘을 쓰며 버티고 있다

너 하찮은 눈뭉치야,
무엇하러 힘겹게 버티는가
네 작은 몸뚱아리 무슨 의미가 있어서
그렇게 악을 쓰고 버티는가

눈뭉치는 대답이 없다
그저 묵묵히 흰자위만을 부릅 치켜뜬 채
아무 대답도 하지 않는다

"나 언젠가 분자의 인력이 다해
갈갈이 찢겨져 공기로 흩어진다 할지라도
한사코 사라지는 냉기를 움켜잡으며
마지막까지 나이기를 포기하지 않을 테요"

마치, 그런 눈빛으로
가만히 노려볼 뿐이다

지는 일

벚꽃이 만개하면
거리는 찬탄으로 붐빈다
사람들은 지금이
가장 아름답다고 말한다

흩날리는 꽃잎 사이로
누군가는 사진을 찍고
누군가는 손을 뻗는다
누군가는 이미 떠났다

그리고 그 모든 풍경을
가만히 바라보자

떨어지는 꽃잎에
눈길을 오래 두어
소리 없이 무너지는 장면 너머의
무언가를 바라보자

이상할 만큼 고요한
아름다움을 바라보자

엔트로피 법칙

오래된 세포 하나의
엔트로피가 증가한다
아포토시스를 유지하던 녀석,
통제되지 않는 시간 앞에
항상성은 길을 잃는다

박동을 잃은 심장은
무질서한 전위로 흔들리고
퇴행하는 뉴런은
결국 시냅스를 끊어낸다

한없이 가벼운 질감으로
흩어지는 것, 마치
의미 있는 흔적들을 지우려는 듯
처음부터 존재하지 않았던 듯

결국 엔트로피의 극한에 남은 것은
텅 빈 공간, 공허함, 옅은 무채색 공기
그리고
유일하게 짙은, 사랑의 흔적

관심이라는 이름의 돌멩이

소문 하나
웃음 둘
가볍게 던진 농담 셋

그저 작은 물장구
즐겁게 치는 거라지만

돌 맞은 강은
속부터 시퍼렇게 멍이 든다

잔잔한 물결과
고요히 피어나는 물안개
그리고 가끔씩 펄쩍 뛰어오르는 물고기

멀찍이 지켜보기만 해도
제법 아름다울 텐데

정류장

어디선가 은은하게 불어온
향기로운 바람의 결을 따라
두근거리는 마음을 안고 걷는다

몇 송이 예쁜 꽃과
지나가는 고양이 한두 마리
그런 것들을 지나 도착한
그늘진 정류장 하나

마치 나를
오래 바라온 어딘가로 데려다줄 것만 같은
낭만이 서린 그곳에
나는 조용히 앉았다

저녁 노을 어스름이 내려앉을 무렵
오지 않는 버스를 기다리다 문득,
아, 먼저 도착한 누군가를 태우고
이미 떠나버렸구나

그게 마지막이었을까
조금 더 기다려볼까

그런데 나는
대체 어디로 가고자 했던 걸까

서늘한 밤공기에
어느새 식어버린
불 꺼진 정류장의 고요한 풍경이
그래도 제법 아름답구나

날이 밝으면
떠나야지

돌아온 자리에서

한 번 지나간 거리를
다시 돌아와 걷는다

오래된 나무
그늘진 벽 하나
익숙한 발걸음들 사이로
조용히 스며든다

한때 무심코 스쳤던 손길은
어느새 따뜻한 온기가 되었고

언젠가 가볍게 지나친 미소는 천천히 마음을 붙잡는다

작은 빛처럼 가슴에 들어와 앉은
익숙한 얼굴들
새로운 얼굴들

그리고 나는
조용히 고개를 숙인다
무언가를 배우듯
무언가를 고이 받아 안듯

다시 지나쳐 가는 익숙한 거리에
그림자라도 남기듯

앉은 돌, 뒷 이야기.

인내는 가장 조용한 훈련이다.
지금이 아닌 때를 받아들이고, 보이지 않는 일을 묵묵히 감당하는 것.

물론 기다림은 종종 고통스럽다.
움직이지 않는 시간 속에서 불안과 조급함이 마음을 파고들기도 한다.

하지만 그 자리에 오래 머물수록 말 대신 다져진 마음이 생기고, 보이지 않던 것들이 비로소 보이기 시작한다.

눈에 띄지 않아도, 알아주지 않아도, 감당해야 할 시간을 묵묵히 견디다 보면 결국, 열매 맺는 때는 온다.

거울 속 사내, 뒷 이야기.

때때로 우리는 자기 자신을 마주할 때 어려움을 겪는다.

내 안에 무엇이 있는지 다 알고 있다고 믿지만, 막상 깊이 들여다보기 시작하면 불쑥 낯선 것들이 튀어나오곤 하기 때문이다.

이 시는 그런 내면의 마주침에서 시작되었다.

의식하지 않으려 했던 마음들, 겸손과 오만, 자부심과 자책, 그리고 이름 붙이기 어려운 감정들까지. 그 모든 것을 오롯이 마주하는 일은 분명 생각보다 쉽지 않다.

하지만 내가 시선을 피하지 않을 때, 거울 속 '나'는 언제나 '나'를 올곧게 응시한다.

결국 내면을 직면할 수 있는 용기란, 스스로를 외면하지 않겠다는 그런 의지에서 시작되는 것이 아닐까.

엔트로피 법칙, 뒷 이야기.

모든 존재는 결국 무질서로 향한다는 이 법칙 앞에서, 우리는 얼마나 작고 연약한 존재인지 실감하게 된다.

얼마 전, 과학 커뮤니케이터 '궤도'님의 영상을 통해 '창백한 푸른 점'이라는 사진을 보게 되었다. 광막한 우주 속 지구는 한 점의 먼지에 불과하고, 그 위에 있는 우리 역시 얼마나 작고 사소한 존재인가.

그럼에도 불구하고, 우리가 서로를 사랑한다는 사실은 그 점 위의 생을 전혀 다른 방식으로 빛나게 만든다.

사라지고 흩어지는 모든 것들 속에서, 사랑은 유일하게 남는다.

무의미해지는 자리마다, 되려 더 진하게 배어 있는 감정. 우리가 서로를 사랑했다는 사실이, 가장 미약한 인간을 가장 값진 존재로 만들어준다.

세포 하나의 죽음과 우주적 소멸을 바라보며,
우리는, 더욱 서로 사랑하자.

관심이라는 이름의 돌멩이, 뒷 이야기.

우리는 종종, 타인의 영역에 너무 쉽게 돌멩이를 던진다.

그런 종류의 관심은 대체로 당사자의 삶을 이해하려는 시도라기보다 개인적인 호기심에 가까운 경우가 많아서 의도와 상관없이 상처를 남기곤 한다.

아름다운 강물은 멀찍이서 조용히 바라보는 것만으로도 충분히 감탄할 만한 풍경이다.

물결을 굳이 흔들지 않아도 그 고요함 안에는 이미 깊고 풍부한 이야기가 흐르고 있다.

나, 너, 우리는, 이따금 호기심이라는 이름의 돌멩이를 내려놓고 다정한 침묵으로 아름다움을 묵상하는 여유를 가져보자.